안재덕 시집

땅따먹기

안재덕 시집

땅따먹기

초판인쇄 2021년 12월 18일
초판발행 2021년 12월 24일

지은이_ 안재덕
발행인_ 이현자
발행처_ 도서출판 현자

등 록_ 제 2-1884호 (1994.12.26)
주 소_ 서울시 중구 수표로 50-1(을지로3가, 4층)
전 화_ (02) 2278-4239
팩 스_ (02) 2278-4286
E-mail_001hyunja@hanmail.net

값 10,000원

ISBN 978-89-94820-70-5 03810

안재덕 시집

땅따먹기

도서출판 현자

시인의 말

삶이 물음표, 느낌표, 쉼표, 마침표의 연속이라면 느낌표로 살고 싶다.

詩를 낚는 손맛은 느낌표였다.
하지만, 얼마 가지 않아 생각이 고갈되고 미끼마저 떨어졌다.

그러나, 신은 내 편이셨다.
낮은 자세로
시를 한 다발 묶어 내놓는다.

2021년 겨울, 거제에서

차례

2부_

3부_

4부_

1부

발자국
장미꽃 문신
매미의 진실
매생이국
땅따먹기
자리 싸움
파종하다
도시 어부
앉은뱅이책상
뿌리
돌멩이
부활
태풍
쉽게 가는 길
꿈을 심다
지문
부자지간
그리운 당신
나의 할아버지

발자국

어릴 적
석공은 강 모퉁이 바위를 쪼아
동네 어르신들 이름 석 자를 새겨 놓았다

아버지는 오일장 다녀오시며
본인 이름을 찾아내어 어루만졌다

도로가 나고 폭발음에
흩어져버린 자랑스러운 이름들

구조라 백사장
청춘남녀가 남긴 발자국
연신 파도가 밀고 당기며 지우고 있다

당대도 못 지키는 이름들
나는 어디에 내 발자국을 새겨 둘까

장미꽃 문신

오뉴월 태양 아래 짐을 나른다
홍당무처럼 익은 얼굴
구슬땀 줄줄 흘리는 저 청년

장미 넝쿨처럼 문신 한 팔뚝
참나무 장작불로
끓인 기름에 데인 흔적이다

검고 튼실한 팔뚝
담벼락을 타고 오르는 장미가
사람의 몸에도 피었다

덩굴장미는
찬바람이 불면 지고 말겠지만
저 팔뚝에 뿌리 내린 장미는
사계절 지지 않을 것이다

매미의 진실

부지런 한 개미
게으른 매미
그건 편견, 선입견이었다
남들이 하는 얘기로 돌팔매질만 했었다

유충으로 17년
어두운 나무뿌리 밑에서 개미한테 죽을 뻔 했다는 매미
개미 이야기만 들어도 소름 끼친다며
고개 절레절레 흔들고 있다
살아남은 거 행운이라며…

앞으로, 한 달 남짓 주어진 시간
새, 다람쥐, 거미, 사마귀, 말벌한테
잡혀 먹을 각오로 울어야 한단다

짝을 부르는 피맺힌 울음이
나뭇가지를 뜨겁게 흔들고 있다

게으름뱅이라며 비아냥거린
나는 매미처럼 치열하게 살지 못했다

매생이국

고요한 매생이국
미운 사위 오면
내놓으란 말 알고 있다

김이 나지 않는 매생이 국 한 숟가락
삼킬 수도 그렇다고 뱉을 수 없는
짧은 시간을 난 기억하고 있다
그러기에는 다 이유가 있다

매생이, 감태, 파래라는 이름으로
가뭄 낙엽처럼 말려 죽이다가
찬물에 담가
청보리처럼 꼿꼿하게 살아나나 했더니,

또, 팔팔 끓는 솥에 덥석 넣고
팍팍 끓이는 심보라니!

매생이의 오기가 고요히 끓고 있다

땅따먹기

부잣집 마당에 동그라미 크게 그려 놓고
병뚜껑 가지고 가위 바위 보
한 뼘씩 땅따먹다가 싸움이 붙었다

내 땅이야,
아니야 내 땅이야!
목소리 높아지고 울음이 터져나오자

네 이놈들!
그게 어디 네 땅이냐 내 땅이지!

사랑방이 열리고 영감님 호통에
손 탈탈 털고
돌아서는 아이들

종일 빼앗은 땅
순식간에 사라졌다
흙 묻은 손이 눈물을 훔친다

자리 싸움

칼바람과 씨름하며
양철통에 불 피워놓고
해산물 경매받아 좌판 펼치던 노파들

보이지 않는다
오늘 쉬는 날인가?

그게 아니고 자기들끼리 싸움이 붙어
수협에서 다 쫓아버렸다네

지나가던 노인이 일러준다

시간이 지나자
외진 골목 초라한 할매
좌판 펼쳐놓고
파리와 씨름 중이다

파종하다

초보 농부
강낭콩, 옥수수, 호박씨 땅에 숨겨놓고
곳간처럼 비닐하우스를 들락거린다

고추씨 눈 배시시 뜨더니
떡잎 두 개 밀어 올려놓고
봄을 하우스까지 불러들인다

생전에 아버지 하시던 말
콩 심은 데 콩 나고
팥 심은 데 팥 나는 법이여
행실 바르게 하고 살아

잘 될 놈은 떡잎부터 안다며
잔소리 아닌 잔소리
살면서 보약이 됐다

부전자전이라고
오랜만에 만난 아들에게 펼치는
레퍼토리

행실 똑바로 하고 살아라

도시 어부

찬바람 맞으며 노래하는 팔랑개비
지나가는 시선을 붙잡는다

작은 트럭 한 대
길목에 서서
오가는 사람을 낚으려 그물을 던진다

"싱싱한 꽃게, 동태나 조기도 있어요"

그물에 걸리지 않는
사람들은 그냥 스쳐 지나간다

언제 다 팔고 돌아가나
번번이 헛손질이다

종일 빈 그물 들어 올리며
내일 잡으면 되지 뭐
위로하는 저 도시의 어부

내일이 있다고
바다는 빈손으로 집으로 돌려보낸다

앉은뱅이책상

점심 끼니 때를 맞추려면
이른 새벽길 나서야 했고

굽이굽이
재 넘으려면
흰 고무신이 닳았다

광목 수건으로 연신 얼굴 훔치며
애야, 나왔다 그 말이 전부였다

땀 젖어 메고 온 봇짐은
앉은뱅이책상

외손자에게 주려고
하나밖에 없는 당신 앉은뱅이책상을
메고 오셨다

그저 좋아 펄쩍펄쩍 뛰기만 했던
철없는 그날을 어찌 잊으랴

그 먼길 무거운 봇짐도
어머니 자식 사랑을 막지 못했다

작은 앉은뱅이책상이 묵직하다

뿌리

먼 나라 이탈리아 로마에 가서
모나리자, 목 잘린 돌 조각, 북어처럼 말라비틀어진
어린 소녀 미라 보겠다며 인파에 떠밀리다 왔다

이 나라는 조상 덕에 먹고 살아간다

2008년 숭례문이 불타던 날
눈물이 철철 흘렸다

불이 나서 순식간에 사라진 우리의 역사
숭례문, 낙산사, 쌍계사…

이웃집 형이 죽었다
사변 겪고 보릿고개 넘기며 죽기 살기로 일한 죗값으로
화장장 연기로 사라졌다

선조님들
부모님 죽으면 오일 장례 치르고 삼년상 치르며
무덤을 지켰는데

이제는 49재도 지키지 못한다

흘러가는 물에 발을 두 번 담글 수 없다지만
마음은 씁쓸하다

뿌리가 그대로 남아있는지
내 몸을 훑어본다

돌멩이

"객지 생활하더라도 고향 돌 하나쯤 가지고 살면 좋아"
신문지에 돌돌 말아온
평범한 돌 하나 꺼내는 아버지

저 하찮은 돌에도
고향의 햇살과 흙냄새가 깃들어 있다

"아버지 하루 더 묵고 가세요"
"소 밥 줘야 되는데, 옆집에 부탁해 놓기는 했지만…"
자식 옆에 하루라도 더 머물고 싶은 아버지는
푸근한 나의 고향이다

도시락 들고 하나 업고 안고
버스와 배 타고 도착한
가족 생기고 처음 소풍을 간 마산 도섬
그곳에서 즐거운 기억 하나 들고 왔다
내 가슴에 돌돌 싸여 있는
고향 돌멩이 같은

그런 소중한 기억들이 몇 개나 될까

신문지에 싸여 나를 찾아온
고향 돌멩이를 바라보며 생각한다

사소한 그리움이
고향 돌멩이가 되어 나를 붙들고 있다

부활

새, 벌레와 나누어 먹으려
세 개씩 묻은 강낭콩
생명으로 거듭나고 있다

왜 모자를 쓰고 있지?
만져보니 빈 껍질이다

평상시 별 대수롭지 않게 여겼는데
경이롭다

산통을 겪고
뿌리내리도록 자신의 살
먹여가며 생명을 키우고 있다

하찮은 식물도 이럴진대,

어미가 자식을 버려 죽었다는 TV 뉴스가 흘러나온다

자식 움 틔워 줄줄 키우고 무릎 내려앉은 할머니
해변도로 뒤뚱뒤뚱 걸어가고 있다

빈 껍질이다

태풍

나뭇가지 사이를
비집고 들어온 바람
나무는 밤새 멀미를 했다

무주 댁, 그 여자에게도 태풍이 몰아쳤다

치매에 시달리는 시어머니 오년 만에 보내드리고
마음 추스릴 틈도 없이 남편 중풍으로 쓰러져
병간호로 30여 년을 보냈다

"여보, 밖에 비가 많이 와요?"
깜짝 놀라 방문을 여니
빈방 혼자 중얼거리고 있다.

혼자 깜짝깜짝 놀라고 헛것이 보이고
태풍에 반생을 빼앗긴 여자

태풍도 쓸어가지 못한 남편의 자리
그 큰 자리 빈방에
몸도 마음도 텅 빈 여자가 누워있다

섬계 가는 길

꼬불꼬불한 산길
물소리도 구부러진
하늘 아래

이슬로 세수한
길섶 청초한 들국화 따라
가을이 오는 섬계마을

오일장 다녀가시며
"엄마한테 잘해라, 잘해야 된다"
어미 소 되새김질 하듯
두 손 꼭 잡으시던 외할머니

다람쥐 쳇바퀴 돌리는 동안
꽃은 몇 번 더 피고 지고

낯익은 얼굴들 사라진 길 따라
해질녘 지는 노을처럼 나 홀로 걷는다

꿈을 심다

틀에 박힌 시계추처럼
오가며 빼앗긴 절반의 시간
정년 앞둔 밤
아침은 더디게 왔다

이제는 온전한 나의 시간
텃밭 일궈 퇴비 넣고
삽질, 호미 끝에 묻어둔 꿈
촉을 내밀고 있다

순서 없이 묻어둔 감자는
바깥세상 궁금해 참지 못하고
비닐하우스 잠재운 호박씨들
선잠에 두리번거린다

삼복더위
자투리땅 고랑 일궈 비닐 씌우고
상추 열무 씨 뿌리며
쌈으로 만나자는 약속을 한다

지문

출입국 검사대 앞에 선 여행자
얼굴은 울그락불그락 달아올라
안절부절이다

검지를 넣고 또 넣어보지만
기계가 이방인을 밀어내며 외면한다

길게 늘어선 사람들
그만 나오라고 채근을 한다

큰아들 방학과제물 만든다고
소나무를 다듬다가
조각칼에 찢긴 검지손가락

붕대로 둘둘 말아 방치했더니
지문이 사라졌다
지문이 앉았던 자리에
흉터만 남았다

부자지간

떡 달라면
돌을 줄까

생선 달라면
뱀을 줄까

하늘이 이어준
참 좋은 우리 사이

그리운 당신

추운데 뭐 하러 나왔어요.
밥 먹으라고 데리러 왔지

시린 손 만지며 가슴 저린다

그때는
그게 기막힌 사랑인 줄
미처 몰랐다

네게 다 주고 싶다며
나는 괜찮아, 괜찮아
습관처럼 말하던 어머니

내 나이 석양빛에 물들어서야
알듯 말듯

나의 할아버지

서산에 해 떨어지자
볏단 한 짐 지고
덜거덕거리는
소달구지 앞세워 걷는다

"타고 가세요"
"에이, 어떻게 타고 가
지도 하루 종일 일했는데"

소가 우리에 들어서자마자
가마솥 열어 푹 삶은 여물
퍼 나르기 바쁘다
"오늘 고생 많았다 많이 먹어라"
별식으로 쌀겨 한 바가지
여물통에 부어 준다

껄껄껄 웃으며
"이놈이 우리 집 재산 1호지
자식이나 별반 다를 게 없어"

고단했던 하루도 껄껄껄 웃는다

2부

뒷바퀴

흙탕물도
자갈밭도
앞바퀴가 끌면 따라갔다

내리막길에서 버티고
오르막길에서 밀고

어머니는 묵묵히 뒤편에 서서
한 번도 앞바퀴를 앞지르지 못했지만
불평하지 않았다

아버지를 앞지른 건
아이들뿐이었다

자식들 수레에 싣고
먼길을 갈 때도

아버지는 앞바퀴
어머니는 뒷바퀴였다

울 할머니

"귀신은 뭐하는지 모르겠어
 어서 데려가지 않고"
습관처럼 토해내는 넋두리

멀리 떠난 아들 그리워
이제 그만 갔으면 좋겠다고
속에도 없는 말 주문인 듯 쏟아낸다

음료수, 신문지에 둘둘 말아
손에 쥐여 드리며
"이거 드시면 곧 가요"
"이놈이 할머니 죽이려 하네"
고래고래 소리 지르던 울 할머니

아들 곁에 간다고 노래, 노래하더니
불가마 껴안고 이승 하직한 채
한 줌 재로 할배 곁에 누워있다

그대

팔색조 아름답지만
비단옷 속에서
눈물 흘린다

꾀꼬리 목소리
은쟁반 옥구슬 굴러가듯
속으로 운다

강물은 울지도 웃지도 않는다
바위를 만나면 돌아서 갈 뿐
아니면 가둬 둔 그대로
머물러 있다

그대처럼

미학

더듬이 끝에
눈을 매단 달팽이
손발 없어도
배로 기며 쓰는 저 경전經典

숨 헐떡이며
가파른 벽 타고 오른다
천천히
천천히

오체투지로 가는 길
서두르지 않는다

미물인
달팽이도 철학을 품고 산다

밥상

도마 똑닥거리는 소리
“무슨 진수성찬 차리려고 삼복 가스 불 앞에서 씨름하십니까?”
“아, 별거 아니고 강된장 만들어 호박잎 쌈 싸 먹으려고”

나는 고맙고 미안해서 뒤에서 살짝 안아주었다
“아이고, 더워, 더워 저리 가!”
말은 그렇게 해도 얼굴엔 꽃이 피고 있다

저녁 밥상은
도토리묵 무침, 풋고추, 열무김치, 호박잎에 강된장
전형적인 한국 밥상이다

알맞게 찐 호박잎 왼손에 펴
잡곡밥 한 술, 강된장 반 술 올려 볼 터져라 입에 넣으면
긴 하루 고단함이 스르륵 녹아내린다

“왜, 어릴 적 어머니가 해준 그 맛이 안 나지?”
“뭐가, 맛만 좋구먼!”
“사는 것 별거 있어! 이렇게 살면 되는 거지”

이마에 계곡 깊어지니
삶의 애틋함 녹아내리고
소박한 저녁밥상에 행복이 가득하다

까치부부

수컷 까치
도로 한복판을 걸어가자
암컷 까치 숨 넘어 가는 소리

살며시 갓길로 걸어 나오자
화가 난 암컷
목, 입을 쪼아 대다가
금세
입에다 지렁이를 넣어준다

건너편 까치
남이야 싸움하던 말던
한가함을 낚고 있다

못난 사내
밖에서 말 못하고
집에서 화풀이한다더니

상사가 짜증내면
말 한마디 못하고 퇴근해서

엉뚱한 사람 여럿 잡았다

그런 남편 뭐가 좋다고,
완두콩 넣고 술빵 만들어
먹어보라고 입에 넣어준다

기도

주님!
안선우 아기를
우리 가정에 보내 주신 것 감사드립니다

주님이 잠시 맡겨주신 아기
잘 보살피겠습니다
아침, 저녁 기도로 하나님을 알게 하고
평생 주님을 공경하며 살도록 가르치겠습니다

할머니, 할아버지가 안아 본지
엊그제 같은데 벌써 100일 되었습니다

그동안
유예주 엄마, 안경현 아빠, 안주경 언니, 안강희 언니로부터
사랑 듬뿍 받아 키가 쑥쑥 자랐습니다

주님!
우리 집 보배 선우
건강, 지혜, 명철도 주시고
세상에 나가 큰일을 하기 원합니다

선우 덕분에 온 가족이 힘이 나고
웃음꽃 활짝 피어납니다

100일을 맞아
거제도 할아버지, 할머니가
예수님 이름으로 감사 기도드립니다.

커피 2

주룩주룩 비 오는 아침
"아버님, 똥 커피 사러가요"

생뚱맞게 다낭까지 와서 무슨
똥 커피라니?

매장 들어서니 귀빈 대접이다

도대체 먹을 게 없어
똥 커피를 다 먹나?
먼 산 보듯 주변을 빙빙 돌자

"이거 선물입니다"
족제비 똥 커피 돌리는 동행자
어깨에 힘을 준다

이름도 생소한 똥 커피

족제비 똥 커피, 다람쥐 똥 커피, 고양이 똥 커피
동물도 사람 똥 커피 먹을까?

매장은
짐승이 사람보다 먼저 먹고 싼
똥 커피 천국이다

낚시

하늘과 맞닿은 바다
경계 없는 코발트 빛 아득함

바닷가에 나가서 낚시라도 해보면 어떨까
사실, 섬 안에 살면서
고기를 낚아보겠다는 생각은 하지 않았다

낚시꾼들이 들려준 경험담대로
미끼 끼워 꿈을 던지건만 발등에 떨어져
물고기는 고사하고 사람 코 끼게 생겼다

그동안, 회사 일 아니면 죽는 줄 알았다
시계추처럼 한 길만 오가다 밖에 나오니
하는 일마다 실수투성이 낙제 점수

낚시도 결코 쉬운 일은 아니었다

바다를 눈앞에 두고도 나는 여전히
섬사람이 아니다

청맹과니

불야성 거리 이 길 저 길
방향 잃고 방황하던 시간들
그때는 앞이 보이지 않았다

아버지의 훈계도
어머니의 잔소리도
모두 들리지 않았다

이 길이 맞다고 우기며
그 길 따라 갔더니
길이 아닌 벼랑 끝

날개가 있다고 믿었더니
그만 추락하고 말았다

첫 단추
잘못 채운 귀가 닫힌 시절
눈 뜨고도 보지 못한 때가 있었다

버려진 자전거

외진 곳
진흙밭에 쓰러진 자전거 한 대
두 바퀴가 헐렁하다
언제부터 저렇게 방치되었을까

씽씽 달리던 자전거
혼자서는 일어설 수가 없다
그 많은 길은 다 사라지고
둘러봐도 온통 진흙탕이다
이곳에
헌신짝 버리듯 방치해 두고 오지 않는 이는 누구일까

어디선가 기어온 칡넝쿨이 칭칭 목을 옥죄어 온다

아무도 그의 이름을 불러주지 않는 외로움에
벌겋게 뼈가 삭아간다

처방전

뒷산 계단 힘겹게 오르는데
가슴과 머리가 싸움을 한다

도대체 사는 게 뭐지
아귀다툼, 이리 살아도 되는 걸까

마음 비우는 처방전
어디 없을까

정상에 오르자
묵상에 든 무덤들

죽은 자들 말이 없지만
삶의 정답 저들은 알고 있을까

무덤가 앉아 한나절, 마음 비우라는
처방전 한 장 들고 하산하는 길

발걸음 가볍다

철야 작업

먼동 틀 무렵
자신과 싸우는 노동자
눈꺼풀 들어 올리지 못해 고통스럽다

맵찬 바람에
살과 뼈가 시려도 견디겠지만
소리 없이 다가오는
졸음은 당해낼 수가 없다

천하장사도
들어 올리지 못하는 눈꺼풀
눈꺼플과 사투 중이다

속도를 찾다

거제 앞바다
큰 배 띄워놓고
유유자적 평온하다

천천히 아주 천천히
세월에 흐름 맡겨
목적지를 향해 항해 중이다

인생살이
무거운 짐 짓눌러도
쉬지 않고 목적지를 향해 가는 것

지난날 방향도 없이
속력만 내려 하지 않았는지
무겁다고 짐 벗어 버리지는 않았는지

길 아닌 곳에서
길을 내며 천천히 항해 중이다
속도를 찾으며

윷놀이

도 긴, 개 긴이다
말들이 앞 다퉈 보지만
꼬리가 물렸다 잡혔다

한 팀은 와~
한 팀은 에이~
죽고 사는 엇갈림

너 죽고 나 사는 길
그게 윷판이다

말 잘못 쓰면
빽도 맞는다

도, 개, 걸, 윷, 모
세상이 윷판이다

윷판이 점점 커지고 있다

같은 편끼리
피 터지는 싸움하느라
이웃 나라 피라미한테 대통령이 물렸는데
꿀 먹은 벙어리처럼 먼산 보고 있다

윷판을 확 엎어 버리고 싶다

물량 팀 젊은이

쇳물 들어
갈색으로 물든 작업복
코가 벌렁거리는 안전화 신고

코끝에 묻은 그을음
고양이 얼굴로 퇴근하는 젊은이

이른 아침, 출근하자마자
일 없다며 퇴근하라는 물량 팀 팀장
소식 준다더니 함흥차사다

벌건 대낮
갈 곳 없고
사발면에 소주 한 병으로 때우는 점심

대기업 다닌다고
온 동네 자랑 다니신 어머니
밥 굶지 말라며 오늘도 밑반찬 보내오셨다

카드 긁어

무선 청소기 하나 사서 보내드리고
빈방에 벌러덩 누워 내일을 설계한다

방세
석 달이나 밀린
원룸에서

흑산도 홍어

목포병원
응급실이란 응급실은 다 연락해봤고
배 입출항 시간표를 다 열람해봐도
흔적 없자 사달이 났다

쾅! 쾅! 쾅!
경찰입니다

큰 아들이 행방불명 신고를 했다며
전화 받아보란다

"아버지 괜찮으세요?
갑자기 연락이 끊겨 걱정이 되어서요"

탁배기 한 대접에 환상적 홍어회 한 점!

흑산도 가면
흑산도 홍어회 맛보지 않고서는

흑산도 다녀왔다는 말 하지 말라는 소리에 홀려
원조 홍어회 집으로 직행한 뒤 정신을 잃었던 게 화근이었다

흑산도 홍어회 몇 점이
목포 시내를 발칵 뒤집어 놓은 하루였다

코로나 시대

촉석루 입구
터줏대감처럼 자리 지키던 장어구이집
철거되고 있다

매년 10월 초부터
보름 남짓 벌어지는 남강 유등축제 때
몰려올 인파가 두려운 게다

진주 촉석루, 일곱 번이나
쓰러졌다 일어난 역사 현장이기에
한 번은 들러봐야 하는데도 발길을 돌린다

서민들 한숨소리 골 깊어 땅이 꺼지고
거리마다 마스크 쓴 알 수 없는 행렬
소통을 외면한 깜깜한 팬데믹 세상이다

빈집

갈바람 타고 대문 넘어와
마당에 터 잡은 개망초

옆 동네 바랭이 억새까지 불러와
풍물놀이 펼치고 있다

바람에 장단 맞추며
어깨 들썩들썩 추임새 넣는다

벽마다 줄타기 하는 칡넝쿨
햇살은 구경꾼이다

한때는 곶감 매달 듯
삶 전부를 내걸었던 이곳

어쩌다 이리 허망하게
주인이 바뀌었을까

이제는 잡초에 둘러싸여
추억마저 늙어간다

빈 의자

길 가장자리 빈 의자 하나
뭐가 그리 바삐 가느냐며 쉬엄쉬엄 가라 한다
해지고 찢겨진 삶, 다 안다는 듯

밤새워 울어대던 고양이 울음
저 의자에 앉았다 가고
지금은 낙엽 한 장 주인처럼 앉아있다 갔다

횡단보도 건너 편
파뿌리 모자에 지팡이 짚고
뒤뚱뒤뚱 위태롭게 걸어오는 저 할머니

의자가 손을 내민다

가을비

하늘은 내려놓아야 할 것과
버릴 것을 정리 중이다

묵은 때 구정물이 미끄럼 타듯
유리창을 타고 내려가고 있다

같이 먹고 살자던 모기
자취를 감추었다

겨울 양식 저장하던 다람쥐
안방 문 걸어 잠갔다

구르던 낙엽도 누울 자리 찾고 있다

희보약국 앞 난전 할머니
하루 벌어 하루 먹고 살아야 하는데

썰렁한 가을비가 그 자리를 차지했다

3부

사연들
산행
외로우면 울어
텃세
겉과 속
노인
기득권
육군 병장 일기
마지막 편지
점둥이
비정규직 노동자
청소부
부고
구멍 난 양말
밥 한끼
친구
모나미 볼펜
거울
10월 벚꽃
갯바위
가을 편지

사연들

깻잎, 호박잎, 노각, 가지
좌판 펼친 노점상 할머니

이야기보따리 한 짐 지고
왔다 갔다 왕 수다 떠는 어머니

아픈 다리 질질 끌고 한 걸음씩
내딛는 이웃집 아저씨

코로나 속에서도 굳건한 삶의 의지
고단함도 모르고 가족의 생계
실어 나르는 오토바이 소리 요란하다

이 밤 지나면
또 어떤 일들이 내 앞에 펼쳐질지

내일은 분명 어제보다 더 명랑하게
아침 까치가 울 것이다

산행

누가 먼저 올랐을까
앞서 간 발자국

간밤에 두더지가
땅 훌러덩 뒤집어 놓고

고라니는
검정콩 소복이 감춰두고
마실 나갔다

배배 꼬인
나뭇가지 지팡이 만들고
나무에 묶어놓은 리본 따라 산을 오른다

정상에 오르게 된 건
산이 발을 떠받쳐 준
덕분이다

외로우면 울어

자존감 강한 나
칭찬 들으면 어깨가 으쓱거린다

정말 그럴까
대나무밭에 가서 물어보았다

대숲의 바람 소리
그 말, 말짱 위선이라네

대숲에서 가슴 열어 놓고
해종일 울었다

텃세

고향을 떠나온 이방인
텃세에 서러움 40년
고향이 어디냐고 물으면
축구공 바람 빠진 소리로 얼버무렸다

잊을 만하니까
백제 타령하는데

죄가 있다면
눈꺼풀 들어 올려
철야 작업한 죄 밖에 없다

이 좁은 땅 덩어리에서
편을 갈라 다투면 무엇하리

우리는 한 민족, 한 핏줄인 것을

겉과 속

눈꺼풀 들어 올리면
겉마음이 속마음에 불쑥 들어와
갈등이 시작된다

요놈은
어디서 오는 걸까
그림자처럼 따라다니며
갑론을박이다

울리고 웃기고
상처투성이로 만드는
도대체 너는 누구냐

오늘은
속마음이 겉마음 달래어
조곤조곤
화내지 않고 말을 건넨다

시냇물 졸졸 흘러가듯
서로 마음 나누며
오늘은 하나다

노인

명치끝에
똬리 틀고 있는 외로움

터벅터벅 계단 올라
비밀번호 누른다

토굴처럼 어두운 곳
더듬거려 불 밝히니
손때 묻은 의자가 반긴다

새도 나뭇가지 가려 앉는데
손 때 묻은 빈 의자
오늘따라 참 고맙다

기득권

엉킨 매듭을 풀 때가 됐건만
텔레비전만 켜면 머리가 지끈거린다

순박한 사람들
이소선 여사 배은심 여사 박정기 어르신이
까닭 없이 인권운동가 삶을 살았단 말인가

의문사 당한 친구 장준하 선생
감옥을 내 집처럼 드나들던 문익환 목사
한을 풀어줘야 할 때가 됐다

그동안
너무 많은 빚을 졌다

잊을 수 없는
연평도 해전에서 순직한 영혼들

꽃망울 터트려 보지 못하고 지하에서
울부짖는 세월호 학생들

석탄가루 뒤집어쓰고 하얀 이빨만 보여주며
산화해간 비정규직 노동자의 억울함
귀 틀어막고 입 다물다 보면
내일이 없다

오늘은 내일을 이기지 못한다

육군 병장 일기

금요일 밤이면
꿈에 볼까 무섭다

어느 초등학교 운동장
지금 생각해도 소름이 돋는다

해질 무렵
좌로 굴러 우로 굴러
정신 혼미하게 뺑뺑이 돌리던 단풍 하사
저승사자보다 더 무서웠다

황산벌 구보하며
황토 물보다 더 진한 논물을
벌컥벌컥 마셨는데도 배탈조차
나지 않았다

동촌 강 도착하면
최루탄보다 더 매운 차량 밑으로
선착순 한 명, 한 명
그렇게 또 하루가 시작되고

칼바람 부는 무등산 미사일 기지 아래
통신장비 가득 탑재하고 운전하다
빙판 도로에 그만 누워 잠을 청하곤 했다

마지막 편지

–백재경 집사 소천 입관예배 조시

주님!
이 기도 받아 주시고
주님 품에 안아주시길 원합니다

인간의 생각으로는 가슴이 찢어지지만
주님 곁에서 고통, 슬픔도 없이
지낼 것이라 믿으니 소망이 생깁니다

아쉽다면, 이 땅에 엮어놓은 인연들
먼저 떠나 참으로 죄스럽고 미안합니다

늙으신 어머님, 남편과 결혼하지 않은
두 딸에게 할 말이 없습니다.
하지만, 제 형편을 주님이 아시오니
그들의 눈물을 닦아 주십시오
주님! 부탁드립니다

어머니,
기도 많이 하시고 끼니 잘 챙겨 드시며

건강하게 지내시다 천국에서 만나요
먼저 떠나 죄송해요

여보. 그동안 고마웠어요
당신에게 짐 떠넘기고 가는 것 같아 미안해요
남은 시간 잘 사용하고 오세요
기다리고 있을게요

사랑하는 내 두 딸들아!
사는 것은 버티는 것이니
어떤 일이고 힘들어 낙심하지 말고
믿음으로 잘 극복해내길 바란다

여러분 사랑합니다. 그동안 감사했습니다

점둥이

점둥이와 똑같이 나를
젖 먹여 키운 점둥이 엄마
나는 점둥이와 쌍둥이처럼 붙어다녔다

어느 날은 먼저 집에 가라고 해놓고
혼자 놀고 있는데
사람들이 수문 쪽으로 정신없이 달려갔다
나의 호기심도
소리 나는 쪽으로 달려갔다

물을 빼기 위해 수문을 막은 게
사달이 났다

고기 잡겠다며
쐐기돌을 하나씩 빼다 보니
큰 돌이 무너져 내려앉았다

초등학교 3학년 때
감꽃 떨어지듯 아들 보내고
옷 훌러덩 벗고

온 동네를 울부짖고 다니던 점둥이 엄마
구름이 몰려오면 증상이 더 심해졌다

나의 목 꼭 껴안고 울던 그 모습
지울 수 없는 기억
지금도 검은 구름이 몰려온다

비정규직 노동자

가슴을 쥐어뜯는 어미

내가 이런 꼴 보려고
다른 집 아이 똥 기저귀 갈아주고
허드렛일로 너를 키운 줄 아느냐며
피눈물 쏟는다

땅을 긁어댄 손톱이 빠지고 피가 범벅이다

청년은
이력서 한 다발을 서랍 속에 채워놓고
장소 불문하고 밥을 찾았지만
항상 비정규직 꼬리표가 붙어 다녔다

미리 준비한 걸까
서랍장을 말끔히 정리하고
가족끼리 밥 한번 먹자며 불쑥 나타나더니
취업 준비한다고 찍은 사진 한 장
책상 위에 올려놓고 하늘로 떠나갔다

비정규직 꼬리표 바람에 띄웠더니
가오리연 보다 더 높고 멀리
흔적도 없이 사라졌다

청소부

코를 쏘는 독한 냄새
누런 소변기에 염산을 뿌린다

여러분!
할머니, 아저씨, 아주머니, 제발!

세제 풀어 청소하던 청소부 아주머니가 외친다
소변 제대로 보라는 얘기다

능포동 조각공원, 아침운동하다
화장실에 들어서니 잔잔한 클래식 음악이 나오고
비데가 따뜻한 물로 정조준하여 씻어준다
두루마리 휴지가 쌍으로 벽에 붙어 기다리고 있다

세면대에 비치된 비누
수도꼭지가 맑음 물을 선물하고
그야말로 세상 좋아졌다, 생각하며 나올 때
그 뒤에 숨어 나의 악취를 지우는 사람이 있었다

이름도 모르는 청소부 아주머니
그녀는 나의 누이뻘 되는 것 같았다

부고

막사발에
막걸리 철철 넘치도록 따르며
밤을 지샌 친구

해남에 집 짓는다고 한동안 분주했다

동백으로 울타리 만들고
마당에 잔디 심고
탁자 몇 개 놓고 싶다며
그늘 만들
다래나무 심고 포도나무도 심었다

그러던 친구가
아닌 밤중에
갑자기 하늘로 떠나버렸다

고창 가서 풍천장어도 먹고
곡성 기차마을 가서 장미축제 보며
시 한수 읊자던 약속 남겨놓고

약속도 지키지 않고
하늘의 별이 되어 버렸다

구멍 난 양말

숨 막히고 땀 냄새 진동해도
불편한 내색조차 못하는 너

신발 깔창에
모래알 몇 만 들어가도
안절부절 못하면서

목이 늘어나고 구멍 난 양말 쓸모없다며
쓰레기통에 던져버린다

뒤꿈치 구멍 나면
알전구 끼워
한 땀 한 땀 꿰매주던 할머니

그 시절 양말은
양말다운 대접 받았는데
이제 작은 구멍 하나 나면 벗어 던진다

구멍은 메우라고 있는 것인데

밥 한끼

친구와 밥 한끼 먹어야겠다

허세처럼 내뱉던 백 마디 말보다
단둘이 밥 한끼 먹어야겠다

깻잎에 열무김치,
아삭이 고추, 오이 속 김치
곁들여 서로의 마음을 먹어야겠다

백열등 다소곳 우릴 비치고
그간 속앓이 앓던 많은 얘기들
고봉밥에 쓱쓱 비벼 먹으며 술 한 잔 걸치고

백 마디 말보다
마주한 한 번의 식사가 더 가까운 것이기에

친구와 밥 한끼 먹어야겠다

친구

좋은 길 놔두고
왜 그렇게
가장자리만 맴돌았을까

그건
꿈이 너무 컸었던 게지

진흙 밭에 빠지고
넘어진 적이
어디 한두 번이었던가

토끼 눈 되도록 울기도 하고
가슴 속 석탄재인 듯 암울할 때
손수건 건네주던 사람

지금은 어디서 무얼 할까

마음 밭 더 가물기 전 마주앉아
쓰디쓴 커피라도 한 잔 마시며
속마음 들키고 싶다

모나미 볼펜

호주머니, 가방 속 깊은 곳에 있다가
증명할 일 생기면 너를 부른다

네가 보이지 않으면
안절부절 주머니를 뒤집는다

백지에 검은 피를 쏟으며
조금씩 야위어 가는 너

부르면 거절하지 못하고
또 혈서를 쓴다

너는 나의 기록,
아니 기억이다

거울

다가서면
다가선 만큼 받아준다

속 깊은 얼굴일수록
더 깊이 받아준다

침묵으로 말하는
고해성사

10월 벚꽃

곧 서리 내릴 텐데
태평스레 춤추고 있을까

제철도 아닌
가을에 태어난 벚꽃들

바위틈 이리저리 빠져나가던 계곡물
철없다며 목소리 높이고

이상기온 때문이라며
한마디 거들고 가는 사람들

봄과 가을을 착각한 벚나무

불로 뛰어드는 불나방처럼
어리석은 인간들처럼
한 발, 한 발 외줄 타는 하루가 불안하다

갯바위

장승포 바다는
지심도 동백섬을 품고
가끔씩 대마도를 보여주며
외도 뱃길을 내준다

오늘, 무슨 일로
바람의 심기를 건드렸나
죽기 살기로 바위에 몸을 패대기치며
포효하는 바다

이처럼 바다의 목소리 높은 날
멸치 떼는 무리 지어 피신하고
바위를 움켜쥐고 떨고 있는 미역들
긴 머리 헝클어진다

물거품을 물고 달려드는 바다
종일토록 달래고 있는 갯바위

가을 편지

동장군 찾아올 터이니
피난 준비하라는 가을

노심초사하는
길가 노숙하는 민들레

다람쥐 집배원 불러들여
밤, 도토리, 잣 맡겨 두고
능청 떠는 밤나무, 잣나무

곳간에 양식 차곡차곡 포개 놓고
마지막 김장하는 식구들

김치 속 버무리던 어머니
멀대처럼 그렇게 서 있지 말고 배추 꽁지나 잘라

그 한마디가 겨울바람이다

4부

항아리 1

항아리 2

틈새

억새

분재

계곡물

고라니

이불

민들레

잡초

달무리

식구

휴식

비비추 꽃

장마

정상에 올라

도시 해녀

황태국

피튜니아

항아리 1

동네 아낙네처럼
옹기종기 모여 앉은 장독대

된장 고추장 삭혀내는 요술사
너는 질그릇 중에 질그릇

씨 간장 품고
속내 검게 타버린 숯덩이

모진 바람 찬 서리 다 맞아도
청화백자 부럽지 않아

장맛은 대물림
음식 맛은 저 항아리에서 나온다

항아리 2

올망졸망
똬리 틀고 앉은 장독대
불룩한 배 내밀며
대를 이어 오고 있다

새끼손가락 꾹 찍어
장 맛보던 어머니
그런 날은 구수한 된장찌개가
밥상에 올랐다

사계절 손맛을 품고
고단한 삶 숙성시키더니

어머니 떠나보내고
멀뚱멀뚱
먼 산만 바라보고 서 있다

틈새

오랜 세월
서서히 틈새가 생기더니
끝내는 금이 갔다

시나브로
스며드는 빗물이라고
얕잡아 본 게 화근이었다

두 동강 나
낭떠러지 아래로
굴러 처박힐 줄 짐작이나 했으랴

작은 틈 하나
방심이
집채 같은 바위를 가르고 말았다

억새

염색했더니
십 년 세월 보상 받은 기분

자신감에
현관문 밀고 나와
단숨에 세상 한 사발 들이키면
보이는 게 없었지

계절 지나
바람 몇 자락 놀다간 자리
온통 은빛 눈부신 자리

가슴 시리다
너무 시리다

분재

철사로 친친 감고
손가락 발가락 잘라도
비명 한번 지른 적 없고

바위틈
눈보라 속에서도
불평 한번 늘어놓은 적 없다

힘들다
도와 달라
말한 적 없고

단 한 번도
속내 드러내
유혹한 적 없다

멋지다
아름답다
그 모순된 사랑 앞에 늘 속수무책이다

계곡물

비탈진 골짜기
밤새 내린 장맛비에
마른 계곡 살아 꿈틀거리네

순식간에 불어난 계곡물
잡다한 쓰레기 흘려보내고
힘찬 물길 소리 아래로, 아래로 흘러가네

어지간하면 쉬엄쉬엄 내려가게나
뭐가 그리 급해 서둘러 내려가는가
바다가 그렇게 보고 싶단 말인가

깊은 계곡
새소리 바람소리 달과 별의 노래
흰 구름 낙서와 가끔씩 뒤척이는 나뭇잎 소리
정겨운 그 소리들
천천히, 그러나 가슴 깊이 새기게나

당신이 급히 가는 그 길
한번 가면
다시는 오지 못할 길이라네

고라니

숨 넘어 가는
울음소리
마음 흔들고 있다

그냥
지나치기에는
애절한 저 소리

올무에 걸렸나
텃밭 울타리
그물에 걸렸나

덤불 속으로
허겁지겁 달려갔다

아이구! 이 주책바가지!

구애하는 소리도
구별 못하나

이불

밤이면 형제들끼리 밀고 당기던 이불 한 자락

오늘도
피곤에 절은 몸 씻지도 않은 채 들이밀면
싫은 내색 한 번 않고 포근한 가슴 내어준다

세상에서 찌들고 서러울 때
한 마리 고동, 집 찾듯 너에게 몸 맡기면
자장가 없이도 곤한 잠 재워준다

민들레

가녀린 생
바람이 데려다 준
이곳이 뿌리 묻을 곳인가

배수로 가장자리
흙 두어 줌 쌓인 곳
민들레 꽃씨 터 잡고 봄기운 불러들인다

넓은 땅 놔두고
하필이면
척박한 곳에 터 잡았을까

궂은 땅 가리지 않고
해마다 찾아오는
활짝 웃어줄 봄이여
꽃 피는 순간
저 위태로운 곳에도
노란 희망의 등불이 켜질 것이다

잡초

여기저기 요란한 프로펠러 돌아가는 소리
벌초할 때가 왔다

예초기는 닥치는 대로
잡초의 목을 베어버린다
절명한 풀냄새가 들판에 자욱하다

귀한 대접 받는
황금송, 동백나무, 배롱나무
대대로 자리 지키며 터 닦고 살아가던
잡초는 푸대접이다

귀뚜라미, 여치, 풀벌레의 안락한 둥지 제공하고
장마 때 쏟아져 내리던 토사 흙
그들을 붙잡고 얼기설기 얽어매던 잡초의 노고를
생각하는 사람은 아무도 없다

모두가 무관심이다
무관심 속 저항 한 번 못하고 쓰러지는 잡초
산기슭에 앉아
잡초의 쓸모에 대해 생각해 본다

달무리

창문을 넘어오는 달빛
만삭이다

동그라미 그리며
환하게 웃고 있다

내일은 비가 오시려나

먼지 풀풀 날리는 대지
생수의 강 넘치려나

달님을 보내 놓고
광으로 간다

잠든 씨앗
흔들어 깨워야지

식구

청명한 하늘
햇살 눈 부셔도 바람소리는 쓸쓸하다
구름은 덮개 열어 하늘의 속살을 보여준다

등산로 가장자리
우직하게 서서 등산객 검문하던 아름드리나무
세월 견디지 못하고 쓰러져 누웠다
속이 휑하니 비었다
애를 얼마나 태웠으면 속이 저토록 까맣게 탔을까
산의 식구라 생각했던 고목도 이렇게 산을 떠나갔다

상실의 계절 지나 봄이 오면
떠나간 빈자리
산의 식구들 올망졸망 태어나겠지

휴식

열무밭이 무성하다
비좁다 불평 없이 잘 자라는 열무들

밭은 지금
온통 푸른 피로 출렁거린다

누군가의 땀이
저 열무밭을 일으켜 세웠으리
잠자리 앉았다 간 주말농장 간판 위에
흙 묻은 목장갑 한 켤레 낮잠에 빠져있다

비비추 꽃

밋밋하고 우글쭈글 볼품없는 꽃
애초부터
봐 달라고 꽃대를 밀어 올리지 않았다

큰 꿈도 꾸지 않고
욕심 없이
하루하루 살아왔다

척박한 땅
추위도 이기고
봄이면 시린 무릎으로 일어섰는데

요즘
치통 위통 약으로 좋다고
너도 나도 찾는 통에 몸살을 앓는다

이름도 없던 때가 행복했다

장마

애지중지 키운 고추
열 포기 비에 녹아
뽑아버렸다

비바람이 합심해
고추, 옥수수를
쓰러트리는 중이다

농부는
하늘의 처분만 기다리는 중이다

수박 농사
참외 농사
토마토 농사
자두 농사
복숭아 농사도 걱정이다

감자 캐다 산더미처럼 쌓아 놓고
잘 여문 옥수수 꺾어
한 소쿠리 쪄 먹던 행복은 어디 가고

지루한 장맛비가 내리고 있다

정상에 올라

한 계단씩 올라 당도한 옥녀봉 정상
땀을 닦고 내려다보니
세상이 한눈에 들어온다

산 아래 골짜기 휘감고
하늘을 찌르는 아파트
들락날락 길을 찾아 달리는
장난감 같은 자동차

내가 살던 세상이 저토록 좁았다니!

하산길
브레이크 없는 내리막길
돌부리에 걸려 곤두박질이다

오르는 일보다
내려가는 일이 더 어렵다고

비탈길이 걸음을 붙잡는다

도시 해녀

노량진 수산시장 모퉁이
어물전 하나로 40년째 버텨온
도시 해녀

밤새 고속도로를 타고 올라온 트럭이 도착하고
장이 열린다
추위에 눈만 빼꼼히 내놓고
갈매기처럼 수협 경매장을 자맥질한다

소란한 수산시장
비린내가 사방에 널리고
새벽이 거래된다

마수걸이니 싸게 주겠다는 미끼에 물린 사람들
전복, 소라, 멍게, 꽃게
싱싱한 바다가
비닐봉지나 스티로폼 박스에 실려간다

해가 저물고
빈 궤짝 굴비 엮듯 쌓아놓고
끙, 무릎을 붙잡고 일어서는 여자

어느새 사람들은 썰물처럼 빠져나가고
바다가 문을 닫는다

황태국

펑펑 눈 내리던 밤
아버지 모셔오라는 말

아버지는 항상 그곳에 계셨다
김치 넣고 두부 돼지비계로 끓인 안주와
막걸리 잔 기울이는 아버지

반달 같은 유리 창문 앞에서 얼쩡거리자
비료포대 뭉치 들고 일어난다

아버지 갈지자 걸음 따라
조마조마하던 마음 뒤따라가고

비료포대 툭 마루에 던져놓고
말 없이 방에 들어가는 아버지

다듬잇돌 위에 황태 올려놓고
방망이로 사정없이 두들겨 패던 어머니

황태국 끓여 소반에 올려내면
눈치 없이
어, 시원하다 시원해

아버지 보내 놓고
어머니는 황태국을 더는 끓이지 않았다

피튜니아

아르헨티나에서 태어났고
브라질에서 살다 왔다

고향이 어디냐고 물으면
오고 싶어 온 것도 아니어서
어물거린다

이방인이란 이름이 낯설지만
도시의 거리를 장식한다

색색으로 화려하게
해마다 살다가지만

사람들은 대부분 내 이름을 모른다

나는 그저 꽃일뿐이다

안재덕 시집 『땅따먹기』 해설

관계를 형성하며 함께 살아가는 방법

마경덕 시인

관계를 형성하며 함께 살아가는 방법

— 안재덕 시집 『땅따먹기』

마경덕 (시인)

감나무는 다닥다닥 매달린 '감'을 다 키우지는 않는다. 여름 감나무 밑에는 채 여물기도 전에 떨어진 '풋감'들이 널려있다. 부실한 것들은 솎아내어 바닥으로 던져버리는 행위는 "문장을 퇴고"하는 것과 흡사하다. 가차없이 덜어내고 쓸만한 것들만 남겨두는 감나무는 작품을 다듬는 시인을 닮았다. 떨어진 '풋감'들은 사족인 셈이다.

워즈워드는 "최상의 언어를 최상의 순서로 늘어놓은 것이 시"라고 하였다. 서구 독자들을 매료시킨 최초의 러시아 작가 투르게네프도 어떤 문장이든지 쓴 뒤에 바로 발표하지 않고 책상 서랍에 원고를 넣어 두고 석 달에 한 번씩 꺼내 보며 다시 고쳤다고 한다.

한 편의 시에 많은 소재를 담다 보면 문장이 산만하고 비만

해진다. 압축과 생략으로 문장과 단락을 긴밀하게 연결하려면 불필요한 문장을 쳐내는 과정이 필요하다.

무릎에서 밑단을 향해 퍼져 있는 베기팬츠라고 불리는 헐렁헐렁한 바지가 있다. 독특한 디자인으로 눈길을 끌지만 모양새가 불편해 보인다. 치마와 바지의 중간쯤 되는 일명 '똥싼바지'라고 불리는 바지의 패션이 타인의 이목을 끄는 것이라면 성공한 셈이지만 옷의 기능이나 미학적인 관점에서 본다면 결코 점수를 줄 수가 없다. 문학에도 시류가 있다. 모호하고 난해하고 자폐적인 시들이 젊은 층에서 트랜드를 이루고 있다. 그러나 방식이 새롭다는 것만으로는 시가 될 수 없다. 이 역시 필자에겐 불편한 베기팬츠인 셈이다.

일본의 작가이며 평론가인 나쓰메소세키는 그의 문학예술론에서 "이상理想이란 어떻게 생존하는 것이 가장 좋은가"라는 문제에 대해 문사文士의 문장이 답안이라고 하였다. 답안이 힘을 가지기 위해서는 문예적 기교로서 명료해질 필요가 있으며 불명료한 답은 소통되지 않아 불리한 상황을 만든다는 것이다.

어느 평론가는 시를 쓴다는 것은 "세상을 무엇으로 볼 것인가, 혹은 만들 것인가"에 대한 가장 "최소한의 노력"이라고 하였다. 작품의 오류에 대답할 진지한 답안이 없고 언어의 과유불급으로 독자와의 간극이 점점 벌어지고 있다. 동시대에 시를 쓰는 시인에게만 그 책임을 물을 수만은 없을 것이다.

나쓰메 소세키가 문사文士의 "문장이 답안"이라고 하였듯이 소통이 가능한 생활시를 쓰는 안재덕 시인의 서정적인 시편들은 친근하다. 조곤조곤한 목소리가 쉽게 우리에게 전달된다. 경험과 기억을 바탕으로 주관적 정서나 내적 세계를 드러낸 시편들은 일상에서 목격한 돈독한 가족의 사랑이나 사회현상이 미치는 파장을 구체적으로 담아낸다. 현재는 과거의 어느 시점을 이어온 것이며 그 과거는 미래의 어느 시점으로 연결되듯이 시인은 과거의 배후에 존재하는 경계 너머의 것을 현재의 장소로 불러내어 내일의 방향을 찾아낸다.

"객지 생활하더라도 고향 돌 하나쯤 가지고 살면 좋아"
신문지에 돌돌 말아온
평범한 돌 하나 꺼내는 아버지

저 하찮은 돌에도
고향의 햇살과 흙냄새가 깃들어 있다

"아버지 하루 더 묵고 가세요"
"소 밥 줘야 되는데, 옆집에 부탁해 놓기는 했지만…"
자식 옆에 하루라도 더 머물고 싶은 아버지는
푸근한 나의 고향이다

도시락 들고 하나 업고 안고
버스와 배 타고 도착한
가족 생기고 처음 소풍을 간 마산 도섬
그곳에서 즐거운 기억 하나 들고 왔다

내 가슴에 돌돌 싸여 있는
고향 돌멩이 같은

그런 소중한 기억들이 몇 개나 될까

신문지에 싸여 나를 찾아온
고향 돌멩이를 바라보며 생각한다

사소한 그리움이
고향 돌멩이가 되어 나를 붙들고 있다

—「돌멩이」 전문

폴란드의 작곡가이자 피아니스트 쇼팽이 1830년에 폴란드를 떠날 때 친구들이 병에 담아 준 것은 조국의 '흙 한 줌'이었다. 폴란드가 러시아의 침략을 받고 조국으로 돌아가지 못한 쇼팽은 폴란드를 떠나올 때 가져온 '흙'을 평생 소중히 간직했다고 한다. 이후 그의 유언대로 자신의 묘지에 "고향의 흙"이 뿌려지고 파리 '페르 라세즈'의 묘지에 묻혔다. 쇼팽이 병에 담긴 '흙'을 보며 한시도 고향을 잊지 않았듯이 시인 역시 '돌멩이'를 보며 고향을 그리워한다.

"도시락 들고 하나 업고 안고/ 버스와 배 타고 도착한/ 가족 생기고 처음 소풍을 간 마산 도섬/ 그곳에서 즐거운 기억 하나 들고 왔다/ 내 가슴에 돌돌 싸여 있는/ 고향 돌멩이 같은"에서 알 수 있듯이 성인이 되고 가족과 함께 처음 소풍을 간 섬에서 들고 온 사소한 기억도 '돌멩이'의 무게를 지닌다. 아버지가 신문지에 싸서 가져온 '돌멩이'는 고향이라는 추상적인 개념을 구체적으로 나타낸 물체이며 상징물이다. 아버지가 아들에게 건네준 것은 단순히 '돌멩이'만은 아니다. 그 작은 '돌멩이' 하나 속에는 고향하늘과 흙냄새 짙은 들판과 사랑으로 자식을 키워준 부모가 있다. 고향을 잊지 말라는 것은 어디에서나 인간의 근본과 정체성을 잊지 말라는 아버지의 당부와 교훈일 것이다.

서산에 해 떨어지자
볏단 한 짐 지고
덜거덕거리는
소달구지 앞세워 걷는다

"타고 가세요"
"에이, 어떻게 타고 가
지도 하루 종일 일했는데"

소가 우리에 들어서자마자
가마솥 열어 푹 삶은 여물
퍼 나르기 바쁘다
"오늘 고생 많았다 많이 먹어라"
별식으로 쌀겨 한 바가지
여물통에 부어 준다

껄껄껄 웃으며

“이놈이 우리 집 재산 1호지
자식이나 별반 다를 게 없어”

고단했던 하루도 껄껄껄 웃는다
—「나의 할아버지」 전문

저물녘 “볏단 한 짐” 지고 덜거덕거리는 소달구지 앞세워 걷는 할아버지에게 소는 자식과 같은 존재이다. 달구지에 싣지 않고 굳이 힘들게 볏단을 지게에 지고 가는 할아버지는 “소를 아끼는” 아버지를 보며 자랐을 것이다. 소를 아끼는 행위로 인해 또 다른 생각을 연상하게 한다. 손자의 눈으로 보았을 때 어쩌면 답답했을 수도 있겠지만 짐승을 아끼는 이 작은 배려 하나로도 올곧은 집안의 가풍을 짐작할 수 있다. 짐승에 대한 사랑으로 “삶의 교훈”을 보여주는 「나의 할아버지」는 시인의 의식과 밀접한 관계가 있다. 약삭빠르고 계산적인 현시대에 타인을 배려하고 살아가는 사람들이 아직도 사회 곳곳에 존재한다. 이 작은 구성원들이 사회의 ‘지렛대’ 역할을 하고 있다. 현재의 자신은 언제나 과거의 자신과 같으며 미래의 자신과도 이어진다는 자기동일성自己同一性을 떠오르게 한다. 이처럼 부모의 행위는 “본보기가 되어” 자식과 유기적 고리로 작용하고 ‘의식’은 대물림 된다.

어릴 적

석공은 강 모퉁이 바위를 쪼아
동네 어르신들 이름 석 자를 새겨 놓았다

아버지는 오일장 다녀오시며
본인 이름을 찾아내어 어루만졌다

도로가 나고 폭발음에
흩어져버린 자랑스러운 이름들

구조라 백사장
청춘남녀가 남긴 발자국
연신 파도가 밀고 당기며 지우고 있다

당대도 못 지키는 이름들
나는 어디에 내 발자국을 새겨 둘까

—「발자국」 전문

인간들은 어디에서나 '흔적'을 남기는 것을 좋아한다. 바위나 나무에 이름을 새기거나 자물통에 연인의 이름을 적어 매달기도 한다. 유명 식당에 가보면 맛집을 다녀간 연예인들의 이름이 벽면을 채우고 있다. 할리우드 명소인 TCL 차이니스 시어터Chinese Theatre는 세계적인 스타들의 손바닥과 발자국이 찍힌 광장으로 유명하다. 핸드프린팅은 1927년 개관과 함께 무성영화 시대의 스타였던 노마 탈마지Norma Talmadge의 시작으로, 찰리 채플린, 마릴린 먼로, 엘리자베스 테일러, 마이클 잭슨 등 현재까지 약 268명의 영화배우 및 유명 감독과 제작자들이 참여했다고 한다.

시간이 흐를수록 인간의 기억은 가변성可變性을 띠지만 어릴 적 한때의 기억은 성인이 되어서도 또렷하다. 기억의 장소는 흘러간 공간이지만 가역성이 존재하기에 과거는 현재진행형으로 살아난다. 과거의 경험으로 현재를 살펴볼 수 있는 것은 잠재된 기억의 힘일 것이다.

동네 석공이 강 모퉁이 바위에 새겨 놓은 동네 어르신들의 이름도 무언가를 남기고 싶은 인간의 욕구에서 시작되었을 것이다. "아버지는 오일장 다녀오시며/ 본인 이름을 찾아내어 어루만졌다"에서 짐작하듯, 그 이름은 자랑스러운 "자신의 일부"였을 것이다. 영원할 것만 같은 그 이름들, 하나둘 떠나고 도로가 생기고 돌에 새긴 이름마저 폭발음에 흩어져 버렸다. 당대에도 못 지킨 이름이었다. 백사장에 청춘남녀가 남긴 발자국도 연신 파도가 밀고 당기며 지우고 있다. 불같은 사랑도 때가 지나면 식기 마련인데 무엇을 어디에 새겨야 할까. 흐르는 시간의 무상함을 보여주는 「발자국」은 삶에 대한 "인간의 집착"을 행간에 적절하게 배치하고 "생의 허무함"을 결구로 마무리 짓는다. 시인의 탄식이 쓸쓸한 여운을 남긴다.

부잣집 마당에 동그라미 크게 그려 놓고

병뚜껑 가지고 가위 바위 보
한 뼘씩 땅따먹다가 싸움이 붙었다

내 땅이야,
아니야 내 땅이야!
목소리 높아지고 울음이 터져나오자

네 이놈들!
그게 어디 네 땅이냐 내 땅이지!

사랑방이 열리고 영감님 호통에

손 탈탈 털고
돌아서는 아이들

종일 빼앗은 땅
순식간에 사라졌다
흙 묻은 손이 눈물을 훔친다

―「땅따먹기」 전문

'땅따먹기'는 남의 땅을 빼앗는 게임이다. 무엇이든 남보다는 더 많이 차지하고픈 인간의 심리는 원초적 본능에 가깝다. 프로이트는 인간의 본능을 "생의 본능"과 "죽음의 본능"으로 나누었다. "생의 본능은 모든 신체적 욕구의 정신적 대표자이므로 생존과 번식을 위해서는 이러한 욕구를 만족시켜야 하며 생의 본능은 죽음의 본능을 극복하고 지배권을 획득하고 죽음으로의 하강을 방해하고 지연시킨다"고 하였다. 남보다 땅을 많이 가지겠다는 것도 그 에너지로 살아갈 권력을 획득하는 것이다. 내가 차지한 땅은 나의 영역이기에 지배권이 발동한다. 아이들의 놀이에도 규칙이 있고 아이들만의 세상이 있다. 게임에서 권력이 되는 것은 땅이다. "내 땅이야,/ 아니야 내 땅이야!/ 목소리 높아지고 울음이 터져" 나온다. 규칙이 깨진 것이다. 그러나 그들이 차지한 땅은 "네 이놈들!/ 그게 어디 네 땅이냐 내 땅이지!"라는 사랑방 영감님 호통에 종일 흙 묻은 손으로 빼앗은 땅은 순식간에 사라졌다.

땅은 언제나 그 자리에 있다. 세상을 떠날 때 누가 한 뼘이라도 땅을 가지고 갈 수 있는가. 부동산투기로 많은 재산을 축적하고 "백 채의 집"을 소유했다고 해도 내가 사용할 땅은 한계가 있다. 잠자리는 몸을 눕힐 침대 하나면 족하다. 「땅따먹기」는 인간의 끝없는 욕망을 '놀이'를 통해 보여주는 작품이다. 아래 작품도 유사한 맥락을 보여준다.

칼바람과 씨름하며
양철통에 불 피워놓고
해산물 경매받아 좌판 펼치던 노파들

보이지 않는다

오늘 쉬는 날인가?

그게 아니고 자기들끼리 싸움이 붙어
수협에서 다 쫓아버렸다네

지나가던 노인이 일러준다

시간이 지나자
외진 골목 초라한 할매
좌판 펼쳐놓고
파리와 씨름 중이다

—「자리 싸움」 전문

이제 싸워야 할 대상은 '비린내'를 맡고 달려드는 '파리'이며 "한숨과 무료함"이다. 양철통에 불 피워놓고 해산물 좌판 펼치던 노파들, 좋은 목을 차지하려고 다투더니 그 자리에서 쫓겨나고 말았다. 서로 차지하려던 그 자리는 수협에서 소유한 땅이었다. 결국 외진 골목으로 밀려나 파리만 쫓고 있다.

삶의 교훈을 메시지로 채택한 「자리 싸움」은 눈앞의 작은 이익에 눈이 어두워 큰 것을 잃어버리는 인간의 어리석음과 이기심을 잘 드러낸 작품이다. 안재덕 시인은 알기 쉬운 화법으로 시를 쓴다. 그러나 그 속에는 보통 사람들의 삶의 "엑기스 같은 진실"이 들어있다.

신경림 시인은 "시인이란 무엇인가"에서 "요즘 읽는 시들 중

많은 것은, 비록 말장난의 시라도 말할 수 없는 것까지도, 표현이라는 개념도, 대화라는 개념도 없다. 중언부언 도대체 요령부득인, 그래서 안이하고 탄력 없는 시가 새로움이란 가면을 쓰고 난무한다"고 하였다.

신상조 평론가도 "아무도 이해하지 못하는 시 쓰기의 지향이 시에서 트랜드가 된 느낌이다. 삶의 깊이와 태도를 동반하지 않는 트랜드는 이내 따분해진다. 그것은 공소空疏하다. 주체를 지우고, 현실을 지우고, 말하는 이와 듣는 이 모두를 끝없이 지워나가는 이 자폐적 언어 건축물들 앞에서 우리는 자발적으로 '벌거숭이 임금님'이 되어야만 한다. 정신적 이미지와 정신적 과정으로 상상하는 것들의 오류를 경험의 총합으로 정의할 준비가 되어있어야 한다"고 하였다. 시를 읽는 독자는 대부분 시인이다. 언어로 집을 짓는 시인마저 자폐적 건축물 앞에서 난감하긴 마찬가지이다. 그러나 안재덕 시인의 커뮤니케이션 방식은 주변의 이야기를 수집하여 독자와 소통하며 진정성을 확보하고 있다.

코를 쏘는 독한 냄새
누런 소변기에 염산을 뿌린다

여러분!
할머니, 아저씨, 아주머니, 제발!

세제 풀어 청소하던 청소부 아주머니가 외친다
소변 제대로 보라는 얘기다

능포동 조각공원, 아침운동하다
화장실에 들어서니 잔잔한 클래식 음악이 나오고
비데가 따뜻한 물로 정조준하여 씻어준다
두루마리 휴지가 쌍으로 벽에 붙어 기다리고 있다

세면대에 비치된 비누
수도꼭지가 맑음 물을 선물하고
그야말로 세상 좋아졌다, 생각하며 나올 때
그 뒤에 숨어 나의 악취를 지우는 사람이 있었다

이름도 모르는 청소부 아주머니
그녀는 나의 누이뻘 되는 것 같았다

—「청소부」 전문

문득, 익숙했던 공간이 낯설게 바뀌고 있다. 존재하지만 쉽게 의식하지 못하는 문제들이 이곳에서 발생한다. 삶에 무방비로 노출되며 일상의 수많은 부딪힘 속에서 불협화음은 파생된다. 시인은 화장실이라는 특정한 장소 속에서 만난 청소부의 불쾌한 감정을 통해 우리의 잘못된 습관을 일깨워준다. 코를 쏘는 "독한 냄새"로 현실을 확인하게 하면서, 동시에 그것을 저지하는 긴장감을 일으킨다. 누군가 뒤편에서 노동을 통해 편리를 제공하지만 당연하게 받아들일 때가 많다. "이름도 모르는 청소부 아주머니/ 그녀는 나의 누이뻘 되는 것 같았다"라고 한다. 독한 염산으로 누런 오줌의 흔적을 지우는 사람도 누군가의 소중한 가족인 것이다.

다양한 삶의 층위가 존재하는 세상은 사회적 질서 안에서 규정되어 있지 않은 관계들마저 유기적 관계들로 이루어져 있다. 질서가 깨지면 잡음이 일게 마련이다. 「청소부」는 자신의 경험과 내러티브를 통해 일상에서 발생하는 불안을 '다층적'으로 보여준다. 시인은 일상 속에서 흔히 마주치는 사소한 문제에 주목하고 고정된 의식을 환기시킨다. 주어진 현실에서 개개인이 사회의 주체가 될 때 "삶의 방식"은 달라질 수 있을 것이다.

새, 벌레와 나누어 먹으려
세 개씩 묻은 강낭콩
생명으로 거듭나고 있다

왜 모자를 쓰고 있지?
만져보니 빈 껍질이다

평상시 별 대수롭지 않게 여겼는데
경이롭다

산통을 겪고
뿌리내리도록 자신의 살 먹여가며
생명을 키우고 있다

하찮은 식물도 이럴진대,

어미가 자식을 버려 죽었다는 TV 뉴스가 흘러나온다

자식 움 틔워 줄줄 키우고 무릎 내려앉은 할머니
해변도로 뒤뚱뒤뚱 걸어가고 있다

빈 껍질이다

—「부활」 전문

사람이 심은 강낭콩은 온전히 "사람의 몫"으로 돌아가지 않는다. 콩을 좋아하는 벌레와 콩을 노리는 새들이 호시탐탐 콩밭을 맴돌고 있다. 그것을 아는 농부는 애초에 각각의 몫을 정해놓았다. 식물도 산통을 겪으며 뿌리를 내리고 가지를 늘린다. 콩 한 알이 흙에 묻혀 싹을 틔우면 "콩 몇 줌"을 얻을 수 있다. 썩지 않고 다시 일어서는 놀라운 부활이다. 콩 한 알을 밑거름으로 식물도 그렇게 생존하는데 TV에서는 어미가 자식을 버려 죽었다는 뉴스가 흘러나온다. 전통적인 효孝 윤리가 땅에 떨어지고 물질이 우선이 되어 자식이 부모를 죽이는 패륜悖倫이 벌어진다.

효도 효孝자는 자식[子]이 지팡이를 대신하여 늙은 부모[老]를 업고 있는 모양이다. 춘추 전국 시대 노래자老萊子란 사람은 나이 70이 되어서도 부모를 기쁘게 해드리려고 '색동옷'을 입고 재롱을 피웠다고 한다. 어버이의 마음을 기쁘게 하고 곁에서 든든한 지팡이 역할을 해주어야 진정한 '효'라는 것이다. "자식 움 틔워 줄줄 키우고 무릎 내려앉은 할머니/ 해변도로 뒤뚱뒤뚱 걸어가고 있다"고 한다. 껍질만 남은 할머니는 아무런 힘이 없다. 이제는 자식의 등에 "업힐 때"가 된 것이다. 하지만 껍질은 알맹이를 감싸던 '거죽'이다. 이 '거죽'의 힘으로 인류는 생존하고 눈부신 발전을 거듭했다. 국가나 사회보다 개인의 존재와 가치를 더 중요시하는 개인주의 시대에 우리가 잊고 살아가는 "소중한 것"이 무엇인지 돌아보게 하는 작품이다.

뒷산 계단 힘겹게 오르는데
가슴과 머리가 싸움을 한다

도대체 사는 게 뭐지
아귀다툼, 이리 살아도 되는 걸까

마음 비우는 처방전
어디 없을까

정상에 오르자
묵상에 든 무덤들

죽은 자들 말이 없지만
삶의 정답 저들은 알고 있을까

무덤가에 앉아 한나절, 마음 비우라는
처방전 한 장 들고 하산하는 길

발걸음 가볍다

—「처방전」 전문

우울증, 공황장애, 불안신경증, 강박신경증, 히스테리 등, 현대인은 "마음의 병"이 깊다. 고통은 끊임없이 동일한 양상으로 발생한다. 프로이트는 이러한 경향성을 반복 강박repetition compulsion이라 칭했다. 복잡다단한 경쟁 시대에 인간관계에서 발생하는 충돌과 불신, 그로 인한 갈등으로 내상內傷을 입는다. 시인 역시 "삶에 대한 질문"으로 머리가 어지럽다. 반복되는 일상에 무력감이 밀려든다. 정상에 오르니 삶이라는 소용돌이를 통과하고 다 비우고 떠난 사람들은 묵상에 빠져 잠잠하다. 시인은 무덤가에 앉아 삶의 "진정한 의미"를 성찰한다. 그것은 들고 있던 무거운 짐을 내려놓고 마음을 비우는 것이었다. 죽은 자들이 알려준 처방전이었다. 처방을 받았다는 것으로 그가 지닌 "내면의 통증"을 추론할 수 있듯이 또한 치료될 가능성도 짐작할 수 있다.

플라톤은 "죽는 연습"으로 철학을 규정했다. 그저 연습일 뿐이지만 죽음이라는 '명제' 앞에 누가 교만해질 수 있는가. 죽음을 실제처럼 미리 연습하는 것은 죽음을 가장 가까이에서 만나는 일이기에 "가상의 죽음"일지라도 삶의 끝에서 인간은 겸손

해진다. 문학도 "가상의 세계"를 향해 달려가 "생의 절벽"을 만나는 일이다. 필연적인 "마지막 지점"에서 우리는 부질없는 것들의 존재를 깨닫게 될 것이다. 그 절벽과 만나보지 않고서는 관습과 인식은 쉽게 변하지 않는다. 제약을 뛰어넘는 과감한 결단은 확고한 신념이 있어야만 가능할 것이다.

시인의 "시적 궤적"을 읽어내기 위해 무엇보다 중요한 것은 그 언어를 떠받치는 시인의 진지한 "삶의 형식"에 있다고 한다. 서정시를 구현하는 그 힘은 과거의 장소에서 또는 현장에서 발생한다. 자신의 생각이 펼쳐지고 실현되는 장소에서 안재덕 시인은 진정한 "삶의 의미"를 살피며 "성찰적 자세"로 세상을 돌아본다. 타인에 대한 이해와 관대함이 부족한 시대에 다양한 풍경을 조명하고 관계를 형성하며 함께 살아가는 방법을 모색한다. 본능적으로 무리를 지어 살아가려는 인간에게는 두 가지의 상반된 욕구가 있다고 한다. 자율적으로 생각하고 판단하며 행동하려는 욕구와 다수의 사람들이 모인 어떤 집단에 소속되어 보호받고 또 지지받고 싶어 하는 욕구이다. 결국 인간은 고립되어 살 수 없는 존재이다. 안재덕 시인은 "작지만 없어서는 안되는" 것들의 관계를 통해 이 세상이 "존재하는 이유"를 발견하고 있다.